de coração

Em reconhecimento
por sua dedicação e sabedoria
que me acompanham todos os dias.

Para o meu Pai de coração

LUIZ ALEXANDRE SOLANO ROSSI

Sua presença constante
e suas sábias palavras ao longo dos anos
alimentaram a esperança,
produziram sorrisos,
suavizaram feridas,
e tornaram-no, mais do que pai,
meu melhor amigo!

Sua esposa será como a vinha fecunda,
na intimidade do seu lar.
Seus filhos, rebentos de oliveira,
ao redor de sua mesa.

(Salmo 128,3)

Pai, quando eu era criança,
você andava ao meu lado.
Agora, após tantos anos,
você está bem mais próximo:
no coração.

Com você
aprendi a ser pai
e a viver como filho.

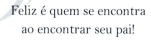

Feliz é quem se encontra
ao encontrar seu pai!

Pai querido,
as suas rugas, que teimam em aparecer,
falam mais de mim do que de você.

A imortalidade de cada pai
está no coração
de cada filho.

Nos olhos do meu pai
rolam lágrimas que refletem
seu amor por mim,
a quem somente quer bem.

Três coisas me fazem bem,
e a quarta é essencial:
acariciar seu cabelo,
sentar em seu colo,
sentir a proteção de sua presença,
chamá-lo de "papai".

Meu filho,
escute a disciplina
de seu pai.
(Provérbios 1,8)

A saudade que se aloja em meu peito
é forte e atrevida!
Nela fico a recordar o tempo saudoso
em que sentava em seu colo
para ouvir histórias e sonhar.

Obrigado, meu pai,
por suas preces ao bom Deus,
sempre intercedendo a meu favor.

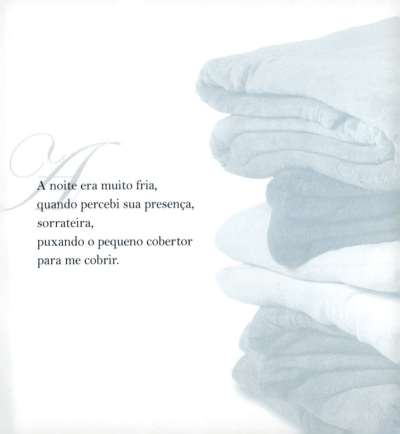

A noite era muito fria,
quando percebi sua presença,
sorrateira,
puxando o pequeno cobertor
para me cobrir.

Trago em meus lábios
um hino de gratidão
àquele que primeiro
me deu a mão
e me ensinou a andar.

Feliz de quem
encontra em seu pai
um verdadeiro amigo.

Ouvi, filhos,
a instrução do vosso pai
e estai atentos
para conhecerdes
o entendimento.

(Provérbios 4,1)

A presença constante do meu pai
fez com que eu trocasse
a dor e a fraqueza
por sonhos e alegria
como meu alimento diário.

"Pai, você é especial para mim."
Esta é a frase mais importante
que poderia brotar
dos lábios de uma pessoa.

FELIZ DIA DOS PAIS!

Foi no seu exemplo de vida
que encontrei o terreno mais fértil
para semear as sementes
do êxito e da retidão.

Diante dos medos que invadiam
as noites maldormidas da minha infância,
lembro-me de buscar socorro
em sua mão forte a me proteger.

Pai, entre tantas coisas que você me ensinou,
aprendi que existimos
para receber bênçãos
e para abençoar as pessoas.

A força do seu abraço
enche meu mundo de segurança
e espanta para longe
o medo da solidão.

Então se levantou e foi ao encontro do pai.
Quando ainda estava longe,
o pai o avistou e teve compaixão.
Saiu correndo, o abraçou e o cobriu de beijos.

(Lucas 15,20)

Na maioria das vezes
não precisamos de muitas coisas para ser felizes.
Tudo aquilo de que precisamos
é completamente gratuito.
Quem poderia estipular o preço
de um abraço demorado
entre pai e filho?

Aqueles que não veem o amor
como um processo contínuo de cultivo,
relacionam-se com ele como se fosse limitado.

Obrigado, querido pai,
porque você não apenas escuta pacientemente
as minhas muitas palavras;
muito mais do que isso,
você se deixa tocar por elas.

Nas marcas que cobrem sua face já envelhecida
vejo a demonstração
do extremo cuidado por mim!

O Senhor converterá o coração
dos pais aos filhos,
e o coração dos filhos a seus pais.
(MALAQUIAS 3,24)

Pai, você não envelhece,
mas, sim, se renova
em cada batida
do coração de seus filhos.

Existe uma mão que sempre está estendida em minha direção, a sua!

Saudades do pai
é como tentar construir uma ponte
para chegar ao infinito.

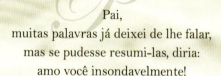

Pai,
muitas palavras já deixei de lhe falar,
mas se pudesse resumi-las, diria:
amo você insondavelmente!

Meus olhos,
quando olham os seus,
refletem o mais cristalino amor.

Como é bom sentir sobre mim
esse seu olhar, que jamais
deixou de me contemplar!

Pai é aquele que compreende
que não basta somente *ter*,
que é preciso muito mais do que isso;
é preciso *ser*!

Pai, hoje sou "grande",
mas nunca me esqueço
da criança que fui ao seu lado.

A beleza da paternidade
está na doação.

Filhos, obedecei a vossos pais no Senhor.
"Honra a teu pai e a tua mãe"
é o primeiro mandamento,
que vem acompanhado de uma promessa:
"para que sejas feliz e tenhas uma vida longa".
(Efésios 6,1-3)

Ser pai é transcender.
É viajar por espaços ainda não explorados.
É semear a felicidade do presente
com os filhos que serão o futuro.

À pergunta: "Quem sou eu?",
somente encontra resposta
quem tem filhos!

Pai, quando olho para o passado,
penso que poderíamos
ter conversado mais,
brincado mais,
amado mais,
perdoado mais...
vamos dar um jeito nisso?

*Em cada gesto, em cada palavra
e mesmo no silêncio
que marca muitos momentos,
encontro-me com o seu amor.*

Você é mais do que pai.
É a materialização do amor
através de seus intensos cuidados.

Ao depositar meus problemas
em seu coração,
encontrei descanso
para a minha alma.

Vi em meu pai
a força que não desanima
diante das dificuldades;
encontrei nele
o segredo de recomeçar
mesmo diante dos obstáculos.

Sua presença ao meu lado
significa proteção.
Seu amor em meu coração
traz conforto e consideração.

*M*eu pai guarda em seu coração
o maior de todos os tesouros,
que tem por nome, o meu.

Ao seu lado minha alma repousa
e seu amor me conforta
trazendo segurança.

O filho sábio alegra seu pai;
o homem sensato
não despreza sua mãe.
(Provérbios 15,20)

As suas palavras carregadas de emoção
e marcadas pelo amor
tocam meu coração.

Ah, se a vida fosse como você,
sensível e carinhoso…
Em cada gesto, em cada olhar,
a vida se transformando
em doações de amor.

Assim como o orvalho
cai sobre a terra,
meu coração se derrama
em sua direção,
meu querido pai!

Que saudade da vida acalentada com afagos,
alimentada com sorrisos,
com maldormidas noites,
nos embalos das canções de ninar...

Quisera voltar a ser criança
e, novamente,
correr contigo no parque
até não mais poder!

Minhas lágrimas
cantam de gratidão,
pois elas vêm anunciar
que sua morada,
querido pai,
é o meu coração.

*A beleza de sua vida
foi construída em todas as vezes que o via,
ajoelhado ao lado da cama,
rezando por mim!*

Pai de amor
Pai de carinho
Pai de afeição
Pai de proteção
Pai mestre
Meu pai!

As mais preciosas lembranças
que guardo de você, meu pai,
estão tatuadas em meu coração.

Pai do Céu, obrigado pelo meu pai na terra.
Nele vejo o reflexo de vosso amor
e de vossa generosidade.

Assim como um pai
se compadece de seus filhos,
o Senhor se compadece
daqueles que o temem.

(Salmo 103,13)

Um pai é para os filhos como o espelho
que reflete o sol e ilumina os caminhos
para que jamais tropecem.

Quando se é pai,
aprende-se a viver duas vezes.
A segunda é pelos filhos!

Nas pegadas de meu pai
quero trilhar
para jamais errar o caminho.

No abraço apertado
do pai com seu filho
reside a mais bela expressão
da unidade que afugenta a desunião.

Fico debruçado sobre minhas lembranças,
pois elas estão povoadas de palavras,
carinhos, beijos e abraços
que saíram do seu coração, meu pai.

No diálogo de um pai com seu filho
pavimentam-se as estradas do amanhã.

Pai, o que hoje sou
é reflexo do que com você aprendi
e que guardo com carinho e respeito,
para a meus filhos transmitir.

Pai querido,
desejo neste seu dia expressar
a profunda gratidão,
pelo carinho com o qual
sempre me agasalhou.

Amor de pai não tem prazo de validade.
Ama-se hoje para continuar por toda a eternidade.

Cada dia com meu pai
é uma possibilidade nova de aprendizado.
E cada aprendizado pavimenta os passos
que damos juntos em direção à conquista do amanhã.

Na bênção que o senhor é para mim
aprendi a ser bênção para os demais.
Obrigado, pai!

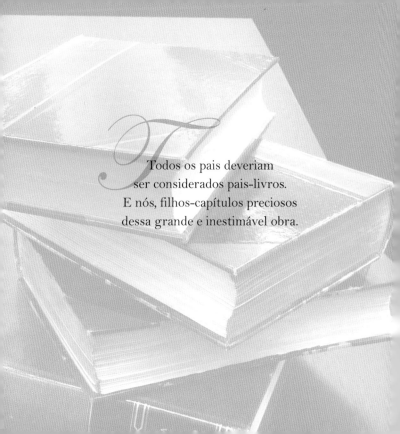

Todos os pais deveriam
ser considerados pais-livros.
E nós, filhos-capítulos preciosos
dessa grande e inestimável obra.

Não basta ter pai.
É preciso amá-lo!

Honra teu pai e tua mãe,
para que vivas longos anos
na terra que o Senhor teu Deus te deu.
(Êxodo 20,12)

Dados Internacionais de Catalogação na Publicação (CIP)
(Câmara Brasileira do Livro, SP, Brasil)

Rossi, Luiz Alexandre Solano
  Para o meu pai de coração / Luiz Alexandre Solano Rossi. – São Paulo : Paulinas, 2011. – (Coleção de coração)

  ISBN 978-85-356-2831-9

  1. Poesia brasileira I. Título. II. Série.

11-05636   CDD-869.91

Índice para catálogo sistemático:

1. Poesia : Literatura brasileira   869.91

1ª edição – 2011
1ª reimpressão – 2014

Direção-geral: *Bernadete Boff*

Editora responsável: *Andréia Schweitzer*

Copidesque: *Simone Rezende*

Coordenação de revisão: *Marina Mendonça*

Revisão: *Mônica Elaine G. S. da Costa*

Assistente de arte: *Sandra Braga*

Gerente de produção: *Felício Calegaro Neto*

Projeto gráfico: *Telma Custódio*

Nenhuma parte desta obra poderá ser reproduzida ou transmitida por qualquer forma e/ou quaisquer meios (eletrônico ou mecânico, incluindo fotocópia e gravação) ou arquivada em qualquer sistema ou banco de dados sem permissão escrita da Editora. Direitos reservados.

Paulinas
Rua Dona Inácia Uchoa, 62
04110-020 – São Paulo – SP (Brasil) – Tel.: (11) 2125-3500
http://www.paulinas.org.br – editora@paulinas.com.br
Telemarketing e SAC: 0800-7010081
© Pia Sociedade Filhas de São Paulo – São Paulo, 2011